U0070288

狗

生肖守護者

阿彌陀佛

五明・編著

阿彌陀佛光明壽命無量
守護生肖狗的人福祿雙全、人氣旺旺！

人生福祿雙全
感官清淨無障礙
家庭和樂美滿
人生臨終的守護

序

　　很多人手上帶著佛珠、每天拿著香拜拜，到各個寺廟祈求神佛，希望神佛守護保佑，祈求神佛幫助自己增加財富、智慧、健康、好運等種種的心願。然而神佛那麼多，到底要向哪尊祈請，才最靈驗呢？真是令人難以抉擇呢！

　　但是，從今天起，你將知道自己的御守護佛菩薩是哪一尊，雖然你還是每天拜拜禮佛，但是你拜起來就會和以前不大一樣，因為你知道自己的守護佛菩薩，拜起來特別有親切感，也特別感受到佛菩薩的加持守護。

　　生肖狗的人，其御守護是阿彌陀佛，阿彌陀佛與我們這個世界的眾生非常有緣，他以無

2

量光明的智慧與慈悲，攝持救護著我們，從我們知道自己的御守護佛菩薩的這一刻開始，生命就有了依怙，也許，生命的轉機就從此開始。

　　每天可以跟自己的御守護——阿彌陀佛祈請、談心，可以超越以前只是單向向神佛拜拜的關係，進步到直接與阿彌陀佛溝通，直接領受佛菩薩的加持。而且想跟阿彌陀佛請求，也不一定要到廟堂拜拜才行，祈求的方法隨時都可運用，讓自己時時都在阿彌陀佛的守護下，開創自己生命的新扉頁。

　　這本書，不但能讓我們了解，阿彌陀佛的樣貌、願力、功德與最秘密的心要，還告訴我們如何祈請，才能取得御守護佛菩薩的秘密專線，讓我們的所有願求，能快速·直捷的傳達到阿彌陀佛的心裡，使我們能擁有２４小時隨

時隨地護念著我們的阿彌陀佛。

　　將這本書帶在身邊，當你需要救護時，就隨時翻閱，照著書中的步驟，向阿彌陀佛祈請。

　　雖然阿彌陀佛的慈悲與智慧是完全平等的，但是他會隨順我們每個人的不同緣起，而有特別的相應與護佑。

　　因此，我們如果能夠隨順阿彌陀佛的心，和他的悲心與願力相應，迎請阿彌陀佛隨時都住在我們的心中，而我們的每一個念頭，也都相續不斷地安住在阿彌陀佛慈悲智慧的心海中。必然會得到阿彌陀佛最快捷與不可思議的加持、護佑。

　　在未來的日子中，我們在阿彌陀佛無量光明的守護之下，生命將無限延展昇華，走向美好光明的理想境地。

祈願有求必應的阿彌陀佛，守護一切生命吉祥、善願速疾圓滿。

　　南無　阿彌陀佛

生肖御守護

阿彌陀佛

守護

第 1 章　認識自己

尋找自己的御守護

 滿天神佛，有事該向誰祈求？

在我們短暫卻又漫長的一生中，無可避免地會經歷生、老、病、死，以及快樂、悲傷、苦惱等等情境，當我們在面對人生種種的困境與層層的煩惱時，該如何是好？尤其有些生命的不安與恐懼，是連親如父母、夫妻、子女，或是朋友、親眷也無法替我們分憂承擔的，這時我們能向誰尋求庇護與依靠呢？

很自然地，向佛菩薩祈求護佑，是個既不欠人情，又隨call隨到的好方法。因為，佛菩薩慈悲遍滿，又不求回報，且無所不在，只

要我們虔心祈求，不論何時、何地、何境，都能給我們最即時的撫慰與救助，無疑是最好的靠山。

只是，佛菩薩有那麼多尊：釋迦牟尼佛、藥師佛、阿彌陀佛、大日如來、觀音菩薩、文殊菩薩、普賢菩薩等等，無量無邊的佛菩薩，我們到底該向誰祈請呢？該向哪尊佛菩薩求助最直接呢？

生肖狗者的御守護佛菩薩

在日本，有一種流傳久遠的，相應於不同生肖，特別守護的佛菩薩，依於我們生肖的不同，每個人都會有一尊特別與我們相應、特別會秘密守護我們的御守護佛菩薩。

「御守護」一詞源自於日本，原是日本人用來祈福的幸運物、平安符。

生肖 阿彌陀佛

御守護

　　日本各大寺廟神社更為了因應祈福者不同的苦惱與需求，發展出許多不同功能的御守護，諸如平安御守護、學業御守護、感情御守護、健康御守護……等等，由於製作精巧，廣受喜愛，不論自用或是送禮都十分適宜。

　　而中文的御守護又更加有意思，在日文「御」是敬辭，在中文，舉凡和天子、帝王沾上邊的，往往都會加上個「御」字，像是御用、御花園、御林軍等等。因此，御守護，除了原來祈福、保平安的意義之外，更成了帝王級最尊貴的守護了。

　　所以，如果我們平常沒有特別相應的佛菩薩，不妨依尋著日本這個生肖守護佛菩薩系統，讓御守護佛菩薩成為我們個人特別秘密的守護佛菩薩。

　　肖狗者的御守護佛菩薩即是阿彌陀佛，我

們每日向他虔心祈請，他會給我們特別、有力
的護念與庇佑，這是我們人生旅程中，最強而
有力的靠山與守護者。

關於生肖狗的人

知道阿彌陀佛是自己的御守護佛菩薩，好像覺得比較安心，生命中有了依靠，再來就要反觀自己，透過了知自己的個性，再祈請阿彌陀佛加持幫助我們超越自己的缺點與增長自己的優點，自己的生命就在阿彌陀佛的加持下，開始有了轉機。

每個人都有自己的特色與長處，而生肖狗的人基本上有其性格上的共通點，我們藉由了解這些性格上的共通點，為自己做一些努力來超越自身性格的的限制，讓好的一面能夠更好，有缺失的部分能夠補足與超越。

但是不論我們是何種類型的人，阿彌陀佛

都會守護我們，阿彌陀佛會像母親守護小孩一樣，永遠護念我們不會離我們遠去。

　　我們最好從日常生活中觀察自己的行為，以及自己平常做事的態度與習慣開始，不斷積極地自我增長，並依此向阿彌陀佛祈請，請阿彌陀佛幫助我們，讓自己的個性更加圓滿，如此，藉由性格的改變來轉變自己的命運，是根本的改運好方法。同時，也會使我們與佛菩薩之間產生更好的互動關係與連結。

 性情特質

　　狗年出生的人，大多為人認真、可靠、善良，明辨是非，很少會為自己利益做出違背道義的事。

　　他的心性靈巧、聰明，純樸正直，富有同情心。

15

個性比較剛直，豪爽勇敢，謹慎小心、保守、謙虛。

・和朋友關係

做人重人情道義，有正義感，講義氣，又樂於助人，常見義勇為，好打抱不平，又頗愛主持公道，因此，往往很受人尊敬。

同時，生肖狗的人多半待人和顏悅色，風趣詼諧，誠實友善，又沒有心機，往往寧可自己吃虧也不願給人添麻煩，因此能與朋友保持長久的友誼。

・財富觀

生肖狗的人生性慷慨，無論貧富，都不重視物質上的享受。

我的個性真的是
如此嗎？

認真可靠
靈巧聰明
豪爽勇敢
保守謙虛
重情義
有正義感
盡忠職守
觀察力敏銳

脾氣暴躁
好打抱不平

・執行力

活動性強、行動敏捷、肯奮鬥，勤勉敬業、機敏、熱情。做事全力以赴，一生忠誠盡責、守本分，默默奉獻作為，不辭辛勞。

・領導力

他是天生的領導者，有膽識，直覺銳利，觀察力也很敏銳，具有大志向，腦筋靈活反應快，遇突發事件能處變不驚，沉著應對；勇於擔負責任，博得人望，能夠愛護及領導屬下。

・需要特別注意

在性情上，須要注意的是，脾氣稍嫌暴躁。而重義氣，且寧可自己吃虧，也不願給人添麻煩的個性，要小心帶給自己不必要的負擔。

旺旺小檔案

◆ **吉祥方位：東、東南及南方**

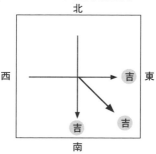

♣ **旺旺色：黃色、紅色**
多穿黃色、紅色的衣服，讓好運旺旺來。

♠ **富於智慧的顏色：白色**
多穿白色的衣服，讓我們更有智慧。

☆ **富於財富的顏色：**
黃色、紅色
多穿黃色、紅色的衣
服，增添身上的財氣。

生肖狗的名人

孔子
BC 551-BC 479
儒家思想的創始
者，被尊為至聖
先師。

司馬相如
BC 179-BC 117
西漢辭賦名家。

孫權
182-252
三國時代吳國的
創建者。

李淵
566-635
唐高祖，唐代開
國的君王。

朱熹
1130-1200
宋代理學的代表
人物，提倡格物
致知。

耶律楚材
1190-1244
契丹人，協助成
吉思汗奠定元朝
立國的元勛。

徐光啟
1562-1633
明代引進西學第一人。

陳洪綬
1598-1652
明朝著名畫家。

黃宗羲
1610-1695
明清之際最有影響力的思想家、史學家之一。

蘇格拉底
BC.470?-BC.399
希臘著名哲學家。

伏爾泰
1694-1778
法國作家，被尊為「法蘭西思想之父」。

普魯斯特
1871-1922
法國小說家。著有《追憶似水年華》。

第 **2** 章 認識自己的
御守護

誰是阿彌陀佛

在佛教宇宙觀中，除了我們所生存的娑婆世界外，在宇宙中仍然遍佈著許許多多的界，在東、南、西、北、東南、東北、西南、西北、上、下等十個方位，在過去、未來、現在的時間中，每個時間、每個方位都有著不同的世界，而每個世界都有不同的佛陀在宣說著佛法。

眾多的佛陀中，除了我們認識的在娑婆世界以肉身成佛的釋迦牟尼佛外，最有名的佛陀可以說是阿彌陀佛。尤其在中國更是有「家家阿彌陀，戶戶觀世音」的說法，可見其信仰之普遍流傳。

大慈大悲的
阿彌陀佛
是我的御守護吧！

　　中文的「阿彌陀佛」是由梵文音譯來
的，其梵名是Amita-Buddha，或是Amitabha或
Amitayus，意譯則是無量光或無量壽佛，所以
阿彌陀佛也被稱為無量光佛，或是無量壽佛。

　　阿彌陀佛是西方極樂世界的教主，他有觀
世音菩薩與大勢至菩薩二大菩薩為左右脅侍，
在極樂淨土實踐教化眾生、接引有情的偉大悲
願。

　　雖然，阿彌陀佛遠在西方極樂世界，但由
於他發了廣大的四十八願，只要有情一心憶念
他，他都會前往救度，悲願廣大，所以，廣為
我們這個娑婆世界的眾生所崇信敬仰，因此，
阿彌陀佛也常相應於我們的祈請，來到我們居
住的娑婆世界幫助我們，與我們有著非常深刻
的因緣。

　　生肖狗的人，個性忠誠，只要認定目標便

全心投入，不輕易改變目標，因此，很適合
彌陀以信願入手的修法，當個快樂的信願行
人。只要具足對阿彌陀佛的信心，一心歸仰、
憶念，一定能夠得到阿彌陀佛的殊勝加持與護
佑，讓彌陀成為自己的最佳御守護！

認識阿彌陀佛

　　佛菩薩的過去生，生生世世都是依著他們所發的甚深悲願，不斷實踐著；直到成佛，也仍然隨著因地所發的願力，來成就廣大圓滿的佛身與淨土。

　　因此，我們若能了解透過阿彌陀佛過去生的一些故事，來了解彌陀的生命軌跡，以及他的願心，將更能體解他是以什麼樣的慈悲心意在守護著我們。

　　阿彌陀佛成佛的因緣是很殊勝的，透過了解阿彌陀佛的過去生，及其成佛的因緣，我們不但有助於促進我們與彌陀間更親切的互動，還能學習阿彌陀佛的發心，成就和彌陀一樣圓

滿光明的生命。

關於阿彌陀佛的過去生

　　阿彌陀佛的過去生之一曾經是功德廣大的明相菩薩。

　　過去無量世之前，有一個大劫*稱為善行路劫。在這個時劫中，有一位佛陀成道了，他的名號為山上如來。這位佛陀的壽命十分的長遠，約有那個時劫的四分之一長。但是，有緣起則有緣滅之時，再長的壽命，也將圓寂。他在圓滿的教化眾生之後，因緣已盡，就要入滅了。

　　在山上如來滅度之後，有一位發心的菩薩

―― 解說 ――

・劫　佛教時空觀念中的時間計量單位，有分大劫和小劫，都代表很長遠的時間。

誕生在那個世界，他叫做「明相」。這位明相菩薩就是阿彌陀佛的過去生之一。

當明相逐漸長大，聽聞了山上如來的事蹟，知道山上如來已經滅度，他心中十分懷念佛陀的偉業，進而發起了廣大的心願，要將山上如來的偉大因緣遍滿整個世界。

於是他決定在這三千大千世界*佛土當中的一切處所，都起建宏偉莊嚴的佛陀舍利寶塔，使眾生得到利益。

—— 解說 ——

・三千大千世界　古代印度人的宇宙觀，以須彌山為中心，上至色界，下至大地底下的風輪，這其中包括了四大洲、日、月、欲界六及及色界天等為一個小世界。一千個小世界為一中千世界；一千個中千世界為大千世界；三千大千世界為一佛所化之佛土，所以又稱為一個佛國。所以三千大千世界是單指小、中、大三個「千世界」而言，而不是指三千個大千世界。

為了成就這件偉大的功業，他孤身遊歷，足跡遍行了這個世界。

他在這閻浮提洲*的人間當中，廣建了舍利寶塔之後，來到了海邊，決定要從這個閻浮提洲，跨海渡到另外一個大洲。

但是，當時大海上，時常發生各種的海難，他沒有辦法行船渡過大海。

所以他當時就這樣想著：「我現在發心要勤求無上的菩提，這是我對一切眾生，所能從事的最大利益。

我原本要遍觀三千大千世界的國土，廣建舍利寶塔，但是現在僅在此處，只因為有少許

解說

・閻浮提 是佛教宇宙觀中所指的須彌四洲之一。位於
　須彌山的南方，七金山與大鐵圍山之間，大鹹海的中
　央。

的困難，就不能夠渡過大海，到其餘的地方，何況是要完全遍歷其餘天下的無量大洲，乃至越過在這些路程中，所有可能發生的巨難及障礙呢！我現在到底要如何超越這些阻礙？」

當時在這個世間的眾生，由於身體力量十分的微小，所沒有人能夠自由的渡過大海，到達其餘的國土，因此，也從沒見過來自其餘大洲的人。

由此看來，要到其餘的大洲建立如來的寶塔，似乎僅是夢想，更別想能夠讓大家自在前往彼處，去供養寶塔了！

因此他心中計畫著：「為了使這世界的眾生，改變生活方式，放大眼界，來建立修行無上菩提道的基石，我現在首先應當運用神通力量，將這個洲中的懈怠眾生，轉移到其他大洲中。使他們安住在其餘的諸洲，讓他們看到這

些寶塔時，能夠隨緣供養，以增長福德。」

接著他開始構思寶塔的建構形式，他想：

「在這世界當中，所有的如來舍利寶塔，我現在必需用三昧神通的力量，將之建築完美，使這些寶塔宛如琉璃眾寶一般的莊嚴。

接著，我要將這個世界，建設成完全平正的國土，使世界中乃至連如同芥子一般微細的砂礫瓦石也沒有，甚至連像毛髮一樣細微的溝崁、坑塹也沒有，使大地完全沒有任何的污穢雜染。

任何的眾生，如果安居在這一片土地之上，都能夠受用一切功德莊嚴的果報，隨時有著歡樂喜悅的事，就如同生活在忉利天宮一樣殊妙喜樂。而且我要使這些寶塔，隨時具有五種天上微妙的音樂，獻上娛樂供養，相續不絕。」

　　明相菩薩，生起了無比廣大的菩薩心念，
決定為眾生永遠的光明幸福奮鬥之後，就在閻
浮提洲，證入了高深的境界。他證入了這個殊
勝的禪定三昧之後，由於禪觀神通的力量，使
他的心願完全成就。

　　明相菩薩費盡苦心，用他的智慧構思，用
他的功德創造，在三昧禪觀的神通威力之下，
改變了這個世界，使這個世界的構造要素有了
徹底的變化。

　　只見在這三千大千世界中，所有的舍利寶
塔，時時盈透著虹彩異光，以琉璃眾寶自成莊
嚴。並隨時隨地化現無量的供養器具，時時傳
來五種美妙的天樂，相續不絕。

　　當時明相菩薩周行遍歷三千世界觀如來寶
塔，令諸眾生都生起殷重尊敬的心，一起供養
如來寶塔。同時教導那時三千世界所有眾生，

全都發起趣求無上菩提的心，一直到壽命盡止都恆常修菩薩行。

這就是明相菩薩的大願威力。他現在正在從此過千億佛土遠的娑羅王佛的世界中，處在大眾中說法。然而明相菩薩也將在四十阿僧祇劫後，得成圓滿佛果，佛名無量壽如來。

當明相菩薩在成證佛果後，凡有眾生聽聞他的名號，都能隨意得到寂靜涅槃的境界，皆能各在自己所住的世界，成就本願證得無上正等正覺。

阿彌陀佛如何成佛

在久遠無量無數的阿僧祇劫前，阿彌陀佛在這一生是一位國王名為為世饒王，由於他聽聞佛陀的說法，而心中法喜充滿，於是發起無上正覺的道心，捨棄榮華富貴的王位，追隨世

35

自在王如來出家修行，他的名號為法藏比丘。

　　法藏比丘的相貌長得非常的莊嚴，由於他發起了殊勝的行願，因此在他心中正確心念、智慧的力量，就相續不斷的向上增長，而他求取無上佛道的心也堅固不動，具足非常殊勝的福德與智慧。

　　終於，偉大的因緣時節到來了，法藏比丘前往世自在王如來的法堂，他恭敬地向佛陀說他現在已發起無上正覺的大菩提心，希望如來能為他廣為宣說殊勝微妙的經法，使他能夠攝持所有清淨莊嚴佛土世界的力量，並疾速成就理想究竟圓滿的境界。

　　然而佛陀卻對法藏比丘說：「依你的修行境界，你應當已經清楚了知，自己應該如何攝持莊嚴佛國淨土了。」

　　因此法藏比丘經過了五劫思惟，一心地構

劃著未來佛國的藍圖，在攝取超過二百一十億佛剎的莊嚴清淨後，已有了很清楚的發願內容，於是帶著無比的信心，又來到世自在王如來的法堂。

這時，佛陀觀察到法藏比丘的因緣已經成熟，就以如意神通，揭開宇宙的真理實相，此刻，無數神奇莊嚴的諸佛國土，就像鏡子相映照一般，完全浮現出來。

世自在王佛為法藏比丘抉擇性的宣說了二百一十億個諸佛剎土的境界，為他解開其中天人的善惡、國土的粗糙、微妙等境界，而相應於法藏比丘的心願，也都完全示現出來。

此時法藏比丘的內心十分的寂靜，無所執著地說出他殊勝弘大的四十八誓願。

法藏比丘宣說大願之後，大地也隨著普遍廣生六種震動的吉祥現象，天雨妙華散於其

上，而且空中發出音聲自然地讚嘆說：「決定必成無上正覺！」

就這樣，法藏比丘具足修行，圓滿了他所發起的大願。法藏比丘不斷的提醒自己：「生命惟有佛法才能莊嚴，菩薩只有成就無上菩提大道才是惟一的心願，千萬不要忘記在世自在王佛前所發的誓願啊！」

而且他還深憶著佛陀對他的溫和訓示：「善男子！你應當以無量的大願，來濟助一切的眾生，隨時安住於空、無相、無願等三解脫門的妙法，心中沒有造作，也沒有妄想生起，觀察一切萬法如幻如化。遠離粗鄙狂妄的言辭，修習樂善的言語，不可憍慢，並且自利利人，使他人與自我都兼得利益。」

法藏比丘發起了廣大圓滿究竟的大願，修習菩薩道而成佛，他的根本大願，就是希望在

十方世界佛土中，建立一個最殊勝、最莊嚴、最清淨、勝妙快樂的國土。讓所有來到此淨土世界的眾生，能夠享受安祥和樂的生活。

　　法藏比丘經過了五劫思維，又根據了世自在王佛為他所宣說了二百一十億個諸佛妙土，選擇這些佛土的勝妙之處，構築了自己的淨土藍圖。

　　法藏比丘經過無數劫修學六波羅蜜*，終於圓滿成佛，稱為阿彌陀佛，而他的佛國也建立起來了，名為極樂世界。

────── 解說 ──────

・六波羅蜜　六種度脫生死，到達解脫彼岸的法門。分別是布施波羅蜜、持戒波羅蜜、忍波羅蜜、精進波羅蜜、禪定波羅蜜、智慧波羅蜜。

阿彌陀佛的淨土

・極樂世界在哪裡？

彌陀的淨土，我們一般稱之為極樂世界，或是安養世界，就如同「極樂」這個名詞一般，這是一個沒有憂煩苦惱的快樂地方，是一個無量光明的世界。

在極樂世界中，一切都是由阿彌陀佛往昔的淨業、光明威德所成就。淨土中的每一寸大地、每一個所在、每一處莊嚴，都是阿彌陀佛參照了二百一十億個佛土，擘畫出完美的藍圖，再依其願力示現而成的。

對我們人間而言，這可以說是一個不可思議、極遙遠的外太空世界了。經中說，極樂世界的位置是在我們居住的娑婆世界西去的十萬

由阿彌陀佛願力
所成的極樂世界，
好莊嚴喔！

億個佛土遠的地方。

　　這裡所說的「娑婆世界的西方」並不是指地球的西方。我們大約用太陽的西方去推算，由太陽往西經過十萬億佛土，就是極樂世界。

　　這個遙遠的距離，可能會讓許多想要往生極樂世界的人擔心，因為太遙遠了。但事實上，我們可以透過一個心念就直接到達極樂世界，而不是透過物質的空間。

　　如果用實有的空間來計算，這個十萬億乘以十億個太陽系的距離，大概要耗費人間千百億年的時間，才能到達極樂世界。

　　然而我們的心靈，可以造成絕對的速度，所以一念就可以超越無限的物質空間。所以，要到極樂淨土只要照著經中的指示，與彌陀願力相合，是沒有時間與空間久遠、遠近的問題的。

・極樂世界的樣貌

台北郵政第26～341號信箱

普月文化有限公司

姓名：…

地址：

市　鄉鎮

縣　市區

請寫郵遞區號…………

路(街)　段　巷　弄　號　樓

普月文化有限公司
讀者回函卡

請將此回函卡寄回，我們將不定期地寄給您最新的出版資訊與活動。

購買書名：＿＿＿＿＿＿＿＿＿＿＿＿＿＿＿＿＿＿＿＿＿＿＿＿＿＿

購買書店：＿＿＿＿＿＿＿＿＿＿＿＿＿＿＿＿＿＿＿＿＿＿＿＿＿＿

姓　　名：＿＿＿＿＿＿＿＿＿＿＿＿＿　性　　別：□男　□女

住　　址：＿＿＿＿＿＿＿＿＿＿＿＿＿＿＿＿＿＿＿＿＿＿＿＿＿

E-mail：

連絡電話：(O)＿＿＿＿＿＿＿＿＿＿＿　(H)＿＿＿＿＿＿＿＿＿＿＿

出生年月日：＿＿＿＿＿＿＿年＿＿＿＿＿＿＿月＿＿＿＿＿＿＿日

學　　歷：1.□高中及高中以下　2.□專科　3.□大學　4.□研究所及以上

職　　業：1.□高中生　2.□大學生　3.□資訊業　4.□工　5.□商
　　　　　6.□服務業　7.□軍警公教　8.□自由業及專業　9.□其他＿＿＿
　　　　　職務：＿＿＿＿＿＿修持法門：＿＿＿＿＿依止道場：＿＿＿＿

本書吸引您主要的原因：
　　　　　1.□題材　2.□封面設計　3.□書名　4.□文字內容　5.□圖表
　　　　　6.□作者　7.□出版社　8.□其他＿＿＿＿＿＿＿＿＿＿＿＿

本書的內容或設計您最滿意的是：

＿＿＿＿＿＿＿＿＿＿＿＿＿＿＿＿＿＿＿＿＿＿＿＿＿＿＿＿＿＿＿

對我們的建議：

＿＿＿＿＿＿＿＿＿＿＿＿＿＿＿＿＿＿＿＿＿＿＿＿＿＿＿＿＿＿＿

極樂淨土的構造，與我們所居住的娑婆世界截然不同。此世界主要是由金、銀、琉璃、珊瑚、琥珀、硨磲、瑪瑙等七種珍寶所構成。這七寶組構成了所有的硬體設，像是地面、樓閣、行樹、浴池、欄階等等，無一不是由七寶相互融攝、輾轉相合所成。因此，不但光明赫赫煜爍，其景觀的微妙奇麗更是人間難以想像的。

在這淨土中，地表寬廣沒有極限，一片平坦無染，竟然沒有須彌山、金剛鐵圍山、一切諸山，也沒有任何大海、小海、溪渠、井谷等凹陷之處。

剛到極樂世界的人，如果真的還很想看見靈山秀水，在阿彌陀佛神力的加持下，是可以隨心見到喜樂的山水。

這世界中沒有地獄、餓鬼、畜生等三惡道，以及各類的苦難趣所，只是純粹的佛法悅

樂。也沒有四季的季節變化、差別，氣溫非常的宜人。

淨土中的七寶樹所發出的任何音聲，都美妙悅耳地超過天上種種音樂的千億倍。除此之外，還有自然音聲伎樂，這樂聲清淨和暢、微妙和合雅緻，能讓人聽聞即自然趣入佛、法、僧三寶，是十方世界的音聲中，最為第一殊妙的。

淨土中還有許多的浴池，浴池中的水是八功德水，也就是具足清淨潤澤、不臭、輕、冷、軟、美、飲時調適、飲已無患八種功德的水。這八功德水湛然盈滿，清淨香潔，味道甘甜美味如同甘露一般。

當淨土中的菩薩、聲聞眾入於此七寶所成的寶池，都能隨自己的意樂，發揮功德水的無限特性，如果想要使水淹沒足部，水則如其意淹沒足部；如果想要淋灌全身，水就淋灌

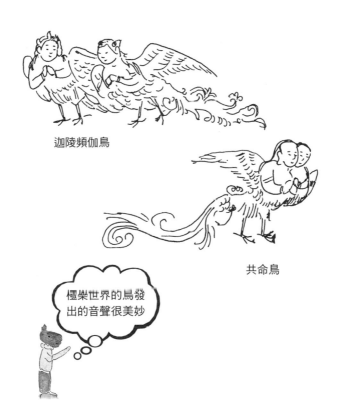

迦陵頻伽鳥

共命鳥

極樂世界的鳥發
出的音聲很美妙

全身，全部都隨著我們的心意來變化。水質調
和，水溫冷熱也隨我們的心所想而舒適順意。

　　淨土中有寶蓮花遍滿整個佛土世界，特別
的是，有種種奇妙雜色的鳥，如白鶴、孔雀、
鸚鵡、舍利、迦陵頻伽、共命之鳥等種種奇妙
的鳥，發出美妙的音聲，而使生活在其中的眾
生，聽聞其音聲即自然能生起念佛、念法、念
僧的心，使他們時時刻刻與法相應。

　　這種種美妙不可思議景象，都是阿彌陀佛
的願力所成。因此，不是生活在地球上的我們
可以想像的。不過幸好，在經典中倒是有很詳
細的描述與介紹，而且還有詳盡的練習步驟，
讓我們照著練習，等我們的心調練嫻熟後，自
然就能親見極樂淨土。

阿彌陀佛的相貌

　　我們平常看到的佛菩薩的形象，似乎都長得一樣，根本無法分辨，其實有一個比較容易辨識的方法，就是從佛菩薩的手印來分辨。

　　一般常看到的阿彌陀佛手印有二種，一種是定印，一種是接引印。

　　而常見到的阿彌陀佛身像，通常是金剛結跏趺（雙盤），端身正坐，手結定印，即左手仰掌當於臍上，右手仰掌重疊於左手上，兩手的大拇指頭稍微相對貼合。這個手印也稱為阿彌陀如來印，這個手印特別的地方是：能夠使狂亂的一切妄念安定下來，令我們的心安住於一境，入於三昧定境之中。

　　阿彌陀佛的形象除了坐像之外，也常見到立像的造型。阿彌陀佛的立像，通常是手作接引印。

　　此外，西方三聖像也是常見的，也就是阿彌陀佛右邊站著觀音菩薩，左邊站著大勢至菩薩。

　　在經典中所描寫的阿彌陀佛的身相，是非常不可思議、無法想像的。

　　據經典所述，阿彌陀佛皮膚的顏色是百千萬億夜摩天閻浮檀金色，佛身高六十萬億那由他恆河沙由旬，這是非常巨大的身高。

　　佛陀的眉間白毫右旋宛轉，如同五須彌山；眼睛像四大海水一樣，而且青白分明；身上的毛孔，演流出廣大光明，如須彌山高大。

　　阿彌陀佛的圓光，如同百億三千大千世界。於圓光中，有百億那由他恆河沙化佛，每

這是常常看到的
阿彌陀佛形象！

一尊化佛也都有眾多無數化菩薩為侍者。

　　阿彌陀佛有八萬四千種相好，每一種相好中，又都各有八萬四千種隨形好；一一隨形好中，還有八萬四千光明，一一光明遍照十方世界念佛的眾生，攝取不捨。其光相好，及與化佛，無法完全說明描述。

　　由此可知，阿彌陀佛隨時隨地都用無量的光明，注照著我們、護念著我們。

阿彌陀佛以接引印來
守護我們吔！

阿彌陀佛的咒語

　　真言咒語是諸佛菩薩心意的總持，也代表著諸佛菩薩身、語、意三密中的語密，擁有不可思議的大威神力，因此，凡是專意誠心持誦、抄寫或是供養者，不但能獲得諸佛菩薩殊勝的守護，也能清淨自己的語業。

　　現在我們就來認識阿彌陀佛最常為人所誦念的幾種真言。

阿彌陀如來根本陀羅尼
（又名十甘露咒）

曩謨　　囉怛曩怛羅夜耶　　娜莫

namo　　ratna-trayāya　　　namaḥ

歸命　　三寶　　　　　　敬禮

阿哩野　　弭跢婆耶　　怛他蘖多耶

Ārya　　　mitābhāya　　tathāgataya

聖　　　　無量光　　　如來

囉曷帝　　三藐三勃陀耶　　　他儞也他

arhate　　samyaksaṁ buddhaya　tad-tathā

應供　　　正等覺　　　　　所謂

生肖御守護

阿彌陀佛

唵　阿密㗚帝　阿密㗚妰納婆吠

oṁ　amṛte　amṛtodbhave

唵　甘露　甘露發生

阿密㗚多三婆吠　阿密㗚多蘖吠

amṛta-sambhave　amṛta-garbhe

甘露生　　　　　甘露藏

阿密㗚多悉帝　阿密㗚多帝際

amṛta-siddhe　amṛta-teje

甘露成就　　　甘露威光

阿密㗚多尾訖磷帝

amṛta-vikrānte

甘露神變

54

阿密㗚多尾訖磷多誐弭寧

amṛta-vikrānta-gāmine

甘露騰躍

阿密㗚多誐誐曩吉迦隸

amṛta-gagana-kirtikare

甘露等虛空作

阿密㗚多嫩孳枇娑嚩隸

amṛta-duṁdubhi-svare

甘露好音

薩縛羅陀薩陀寧　　薩縛羯磨

sarvārtha-sādhane　sarva-karma

一切義利　　　　　成就一切業

訖禮捨　乞灑孕迦隸　莎訶

kleśa　　kṣayaṁ-kare　svāhā

煩惱盡滅　　　　　　成就

 往生咒

南無　阿彌多婆夜　　　　哆他伽哆夜

namo　amitābhāya　　　　tathāgatāya

歸命　無量光（阿彌陀）　如來

哆地夜他　阿彌利都婆毗

tadyathā　　amṛtodbhave

即說咒日　甘露所生者

阿彌利哆　悉耽婆毗　阿彌利哆　毗迦蘭諦

amṛta-siddhaṁbhava　　amṛta-vikrānte

甘露成就所生者　　甘露神力者

阿彌利哆　　毗迦蘭哆　　伽彌膩

amṛta-vikrānta　gāmine

甘露神力者　　前進（或到達）

伽伽那　　枳多　　迦隸　　莎婆訶

gaganakīrta-kare　　　　svāhā

願名滿天下　　　　　成就

 小咒

唵　　阿彌利陀　　　底勢　　可羅　　吽

om　　amrita　　　teja　　hara　　hum

歸命　甘露（不滅）　威光　　運用　　能生

　　這幾個咒語中，我們特別介紹一下往生咒，往生咒雖然自古多在為亡者超薦時持誦，以祈求彌陀佛光注照接引亡者至極樂淨土，但

生肖
御守護

阿彌陀佛

這只是其中特別的作用而已，並不表示往生咒
只能用在超薦度亡的事情上，平常，我們還是
可以持誦往生咒，對祈求世間的平安順遂、出
世的菩提成就，效用同樣廣大。

阿彌陀佛的手印

　　手印，又稱為印契，現在常常是指密教修法時，修行者雙手與手指所結的各種姿勢。

　　佛菩薩及本尊的手印，象徵著他的特殊願力與因緣，所以當我們與他們結相同的手印時，會產生特殊身體的力量和意念的力量，這是相應於佛菩薩身的身心狀況。

　　在密教中，手印屬於佛菩薩身體、語言、心意三密中的身密。

　　廣泛的身密不是只有手印而已，任何的體姿都是屬於身密的範圍。

　　我們平時看到佛菩薩本尊等的圖像、塑像，多是以他們身上的持物或手印來判定其尊

名。

其實，不論是阿彌陀佛、釋迦牟尼佛、不動佛或藥師佛，在他們住世的過程中所結的手印也有彼此相同的。所以，用手印及持物來判斷是哪一尊佛菩薩，也不是絕對的分辨方法。倘若單一的來看各個佛像，從手印還是可以了知他們特別的願力、因緣及特別的悟境，乃至其成道、說法時的特別狀況。

以下介紹阿彌陀佛的定印、阿彌陀佛根本印，以及阿彌陀佛九品印。

彌陀定印

彌陀定印是雙手交叉，兩拇指指端相觸；二食指中節直豎，以兩食指端與拇指相接；此外，雙手的小指、無名指、中指六指相叉。

阿彌陀根本印

阿彌陀根本印為阿彌陀佛於金剛界三昧耶會所結的手印。雙手十指交叉，兩中指豎起相拄，拇指相交叉。

阿彌陀佛九品印

阿彌陀佛九品印，即自上品上生至下品下生的九種印相。又稱為往生九品印。這是根據《觀無量壽經》中九品往生的說法，依念佛行者的罪業、修行，所分的九階級印相。例如往生有九品往生，極樂世界有九品淨土、九品念佛，所以阿彌陀佛亦有九品彌陀的區別，而具體的表現即為九品印。

然而有關九品印的印相，有多種說法，較常見者，是以上品印相為兩手相疊，置於大腿上的彌陀定印（伸三指，右手置於左手下）。中品印相為兩手當胸，兩掌向外並列的說法印。下品則為手掌向外，右手向上，左手向下的施無畏印與施願印。

其中上生印相為拇指、食指的指尖屈合。

下品上生　　　　　中品上生　　　　　上品上生
（來迎印）　　　　（說法印）　　　　（彌陀定印、定印）

     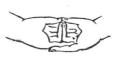

下品中生　　　　　中品中生　　　　　上品中生

下品下生　　　　　中品下牛　　　　　上品下生
　　　　　　　阿彌陀佛九品印

中生印相為拇指、中指的指尖屈合。下生為拇指與無名指的指尖屈合。如此各品各生的印相都準此而組合之，即成為上品上生、上品中生、上品下生，中品上生、中品中生、中品下生，下品上生、下品中生、下品下生等九品印。

其中，上品上生印稱為妙觀察智印，又作定印、彌陀定印，是一般阿彌陀佛坐像所結最常見的手印。而一般立像為來迎印，是以下品上生的印相最普遍。中品印相又稱為說法印。此一說法自唐末以來即已流傳，後傳至日本，於真言宗及淨土教均盛行此說。

阿彌陀佛的種子字

　　種子字的「種子」是以草木的種子為比喻，含有引生、攝持的意義，密教常以「種子字」來作為諸尊的表徵。

　　阿彌陀佛的種子字為：**ब**（aṃ）或 **श**（saṃ）或 **फ्रीं**（hrīḥ）

阿彌陀佛的三昧耶形

　　三昧耶形是密教中是表示佛菩薩或諸尊誓願的形相化。

　　阿彌陀佛的三昧耶形為八葉紅蓮花，這八葉蓮花表能滿足一切眾願。

阿彌陀佛的三昧耶形
八葉紅蓮花

阿彌陀佛的眷屬

　　每位佛菩薩都有他自己的眷屬，阿彌陀佛最有名的眷屬就是觀音菩薩與大勢至菩薩，他們是阿彌陀佛的二大脇士，他們追隨阿彌陀佛，在極樂世界教化眾生，也在娑婆世界大悲救度一切眾生，並且輔翼阿彌陀佛，讓眾生能清淨發願往生極樂淨土，在臨命終時，他們亦會前來接引淨土行人。

　　阿彌陀佛及其脇侍觀世音菩薩及大勢至菩薩，一般稱之為阿彌陀佛三尊。

　　關於這二大菩薩的形像，在經典中描述：觀音菩薩的寶冠中有化佛，大勢至菩薩的寶冠中有寶瓶。自古以來，一般是作觀音菩薩兩手

持蓮台，而大勢至菩薩雙手合掌。

　　另外，阿彌陀佛還有八大菩薩為其眷屬，他們分別是：觀自在菩薩、慈氏菩薩、虛空藏菩薩、普賢菩薩、金剛手菩薩、文殊菩薩、除蓋障菩薩、地藏菩薩等八大菩薩。

　　此外，如果有人發願往生極樂世界，阿彌陀佛會派遣二十五菩薩，如影隨形擁護我們，不令惡鬼惡神惱亂我們，常得安穩，無病無惱。

　　二十五菩薩分別是：觀世音菩薩、大勢至菩薩、藥王菩薩、藥上菩薩、普賢菩薩、法自在菩薩、獅子孔菩薩、陀羅尼菩薩、虛空藏菩薩、德藏菩薩、金藏菩薩、金剛藏菩薩、光明王菩薩、山海惠菩薩、華嚴王菩薩、珠王寶菩薩、月光王菩薩、日照王菩薩、三昧王菩薩、定自在王菩薩、大自在王菩薩、白象王菩薩、

觀音菩薩與大勢至
菩薩是阿彌陀佛的
二大脇士。

生肖御守護

阿彌陀佛

觀自在菩薩

慈氏菩薩

虛空藏菩薩

普賢菩薩

金剛手菩薩

文殊菩薩

八大觀音菩薩是阿彌陀佛的眷屬。

除蓋障菩薩

地藏菩薩

70

還有阿彌陀佛的二十五菩薩會守護我，太吉祥了！

大威德王菩薩、無邊身菩薩。

由於阿彌陀佛與生肖狗者特別相應,對生肖狗者有特別的守護,當然,他的眷屬愛屋及烏也會守護生肖狗的人。

因此,若我們能誠信歸仰阿彌陀佛,與彌陀心意相合,建立良好的溝通管道,這不就擁有了最強有力的守護團隊,日夜不棄不捨,萬事吉祥!

第**3**章 祈請守護

怎樣拜最靈

　　阿彌陀佛特別守護生肖狗者，我們了知阿彌陀佛守護我們的心意，當然我們也可以主動祈請阿彌陀佛的守護。

　　首先，我們要深信阿彌陀佛是生肖狗者的御守護佛菩薩，彌陀的慈悲方便不可思議，只要我們一念相應，即可得到彌陀及其眾多菩薩、護法眷屬的守護。

　　接著，如果環境許可，我們可在家中，安置一個以供奉阿彌陀佛為主尊的莊嚴佛堂。

　　每天早上梳洗清淨後，即奉茶、上香拜拜。一般可供上三杯開水或新泡的茶，焚點上

1.梳洗乾淨

2.供上三杯茶

3.上好香

4.禮拜三次

這樣拜拜
我也會！

生肖御守護

阿彌陀佛

好的香（如沉香）*，禮拜三次（三問訊或三頂禮*）。

　　拜拜時，可以告訴阿彌陀佛我們的請求與心願，祈請阿彌陀佛守護幫忙。

　　我們可以利用上香的時間，與阿彌佛溝通。上香前，請先清淨身體，最基本的一定先將手洗乾淨，然後上香供佛。

　　供香的姿勢可站姿或是跪姿，默聲說出想要向阿彌陀佛說的話，然後再將香放置於香爐。

───── 解說 ─────

‧供佛的香，最好不要用化學香，以免對身體有害。

‧頂禮　頂禮的由來原是印度人最高禮敬的方式，以兩膝兩肘及頭著地，以頭頂敬禮，雙手承接所禮者的雙足。所代表的意義是以身體最高的部位──頭頂，來碰觸所禮敬者最低卑的雙腳，象徵最高的禮敬。

接著跪拜頂禮阿彌陀佛，拜完三拜，起身問訊，即完成簡單的拜拜儀式。

　　我們頂禮阿彌陀佛時，先雙手合掌，然後屈膝下跪，屈膝下跪時將右手同時置於前方地上，以支撐身體，接著放下左手，右手前進一步，讓雙手齊放在地上，再以頭觸地，然後雙手翻掌承接阿彌陀佛的雙足。

　　起身時，手掌向上的雙手，翻掌為向下，撐著地面右手先收回，將身體支撐起來，再緩緩起身直立，就完成一個頂禮。

　　如果心中有所祈求，可以繼續跪著，心中默想祈求的事（可嘴巴默念或心中憶想）。想像阿彌陀佛就在我們面前，我們正向他傾訴煩惱、所求之事，而彌陀也確實清楚收到了我們的訊息。

　　如果所處的環境沒辦法頂禮，我們可以行

阿彌陀佛

問訊禮。

　　問訊的方式也是印度人向師長尊上合掌鞠躬，請問生活起居安泰的禮儀。

—— 解說 ——

・問訊的方法是：雙手先合十敬禮，合十的雙手跟著往下順勢做問訊的手印，即：左手的後三指往內屈指，右手的後三指覆於其上，二食指豎直指尖相接，二大拇指也豎直相接。再將手印舉至額前禮敬，然後將手印收自心輪散印。

78

如何祈求阿彌陀佛

祈請時，我們可以先跟阿彌陀佛自我介紹說：我是某某，幾年幾月出生。

祈求解除煩惱

然後說出自己的問題煩惱，請求大慈大悲的阿彌陀佛慈悲自己，幫忙解決煩惱的問題。

如果心情不好，或是有心事解不開時，也可以傾訴給阿彌陀佛聽，阿彌陀佛就像自己最親近的長輩，而且阿彌陀佛也一定會慈悲的注視著自己，傾聽我們的訴說。

祈求超越自我

　　如果沒有事情需要幫忙解決，也可以告訴阿彌陀佛自己的志向、心願，像是想要在自己的專業成為一位頂尖優秀的人才，成為一位好的父、母等等。

　　也可以期許自己能夠像阿彌陀佛一樣，具足廣大擘畫世界的願景，完成很多的理想事業。

　　最後，想像阿彌陀佛已經答應自己的請求。

　　如果知道自己的個性上的偏頗，也可以告訴阿彌陀佛，希望自己的個性有所超越。例如，自己的個性急躁衝動，就跟阿彌陀佛祈請說：我希望能改變自己急躁衝動的個性，學習像阿彌陀佛一樣的細密思維，希望阿彌陀佛滿

大慈大悲的阿彌陀佛，我是阿犬1970年生，我的個性比較暴躁，祈請阿彌陀佛加持我能如同阿彌陀佛一樣！

哇！阿彌陀佛答應我的祈願了！真是感恩！

足自己的心願。然後想像阿彌陀佛微笑的應允自己的祈願。

如果自己因為講義氣、常常寧可犧牲自己也不願麻煩別人，導致自己常常忙得焦頭爛額，或是滿腹委屈，也可以祈願自己像阿彌陀佛具足圓滿的智慧，能夠以清明慈悲的心，來抉擇、處理事情，讓事情能迅速圓滿解決，同時又兼顧到自己身心的負荷。然後，想像阿彌陀佛很高興的答應自己的請求。

諸如此類，凡是積極向上的心願，我們都可以祈請阿彌陀佛的慈悲守護。

圓滿答應的動作

當我們說完時，很重要的一件事，就是要想像阿彌陀佛很高興的答應我們的請求。

想像彌陀微笑地應允我們的願求，是很重

要的秘訣，這個動作一定要徹底執行，才能達
到更好的祈請效果。

　　但重要的是，我們不可有不好邪惡的請
求，如此會導致不好的結果，當我們心存善念
時，很多事才會順利進行，累積良善的因緣，
祈求完，想像阿彌陀佛歡喜答應自己的請求，
然後作迴向，祈願一切圓滿吉祥。

召請阿彌陀佛的守護

 咒語的召請

　　與阿彌陀佛連線溝通的方式，最簡單的就是誦念呼喚阿彌陀佛的暗號。就像是我們要找某人時，最快的方法就是直接打電話給他一樣，這暗號相當於彌陀的專線電話號碼，只要我們一誦念阿彌陀佛的名號或是真言咒語，彌陀就會聽到我們的呼喚，前來幫助我們。

　　為什麼有些人持咒的威力很大，有些人卻沒什麼效驗呢？差別就在是否出自內心真誠的祈請，以及是否能體解彌陀的願行，進而與彌陀同心、同行。

當然，平常是否有常常誦念阿彌陀佛的真
言咒語或名號，保持與彌陀良好密切的互動關
係，也是很重要的。畢竟，臨時抱佛腳是很沒
有保障的投機行為。

　　所以，我們平日要養成誦念阿彌陀佛真言
的習慣，剛開始，可以先規定自己從五分鐘開
始誦念，然後增加為十分鐘，然後平常想到時
就誦念阿彌陀佛的真言，甚至念到隨時隨地，
心中都在誦念阿彌陀佛真言咒語。

　　如果，每天時間都很零碎、忙碌，實在沒
有一段完整時間可以空出來念誦，那麼利用走
路、搭車或是等待他人到來的時間念誦也是很
好的辦法。

　　此外，如果碰到老闆或是他人責難自己
時，也可以在心中默默念著阿彌陀佛的真言或
名號，同時把老闆想成是阿彌陀佛。慢慢地，

阿彌陀佛

你會發現自己改變了，彷彿責罵聲都變成了阿彌陀佛真言的咒聲，隨之，敵對緊張的氛圍和緩了，自己的心，也不再那麼容易受到憤怒、沮喪等負面情緒的襲擊，漸漸地，人際關係也就改善了。

最重要的是，自己與阿彌陀佛的關係也改變了。彌陀與自己變得更親近了，他對自己的守護顯得更加緊密，彷彿自己取得了阿彌陀佛的私人專線，與阿彌陀佛之間的溝通管道非常的暢通。當然，在這種情況下，自然容易心想事成了！

時常憶想阿彌陀佛

除了，念誦彌陀的聖號、咒語，我們也可以憶念阿彌陀佛慈悲、願力、功德等等特德，這在我們心有怯懦、怖畏時，是很好撫慰、安

定心靈的方法。

　　此外，恆常觀想阿彌陀佛的尊像，這也是一種威力強大的祈請。

　　我們可以常常想像阿彌陀佛的樣子，想的越清楚越好。當我們憶念觀想阿彌陀佛的功德與尊像時，會帶給我們心靈很大的能量與寧靜，特別是當我們很困頓很煩惱時，如此思念阿彌陀佛，阿彌陀佛會帶給我們很大的慰藉力量。

　　同時，透過這樣的想念，阿彌陀佛也會慢慢影響自己，改變自己，讓自己的個性、長相都往更好的方向發展，而個性改變了，自然命運也就改變了。

　　再則所謂相由心生，因為每天時時憶想彌陀，我們的心柔軟了，散發出來的氣質不同了，長相也會隨著一點一滴改變，人變好看

生肖御守護

阿彌陀佛

· 口中念誦阿彌陀佛的
聖號或咒語。

· 心中默念阿彌陀佛的
聖號或咒語

與阿彌陀佛溝
通連線的方式
還不少呢!

· 心中憶想阿彌陀佛

・想像自己就是
　阿彌陀佛念誦咒語

・心中的阿彌陀佛
　念誦咒語

・想像身體中有滿
　滿的阿彌陀佛念
　誦咒語

・想像全身化為
　光明誦念咒語

了，動作變溫柔了，當然人緣也就跟著變好
了，這就是彌陀給我們最慈悲、根本的守護。

我們憶想阿彌陀佛時，可以想一尊很大很
大的阿彌陀佛就在我們對面，或是在我們自己
的頭頂上，甚至想像自己就是阿彌陀佛，別人
也都成了阿彌陀佛，那麼我們所處的地方自然
也就成為極樂淨土了。

或許有人會說：「怎有膽子想自己是阿彌
陀佛？」這太不敬了。其實佛菩薩都是來幫助
我們成佛的，那是他們共通的心願，所以把自
己跟別人都想成是阿彌陀佛這樣的方法，是對
諸佛最好的供養，更能迅速貼近阿彌陀佛的
心。但是要注意的是：如果認為自己是阿彌陀
佛，大家都要來拜自己，這就是誤入歧途了。
這是要小心的。

加強咒語能量的召請

　　此外，我們也可以想像自己就是阿彌陀佛，阿彌陀佛誦念自己的咒語，或是心中的阿彌陀佛在誦念咒語，或是自己的身體裡面有無量無數滿滿的阿彌陀佛都在念誦咒語。這方法都很好，會使得咒語的能量更強，阿彌陀佛會更密切的守護我們。

　　更高的升級版是：想像我們全身化為光明在誦咒，真言的音聲也是光明。甚至連呼吸的氣息都是光明的，都是阿彌陀佛真言的光明。

　　如果能用以上的方法來親近阿彌陀佛，慢慢地你會感受到阿彌陀佛無量光明的加持力量。

念佛持咒時的工具──計數器

平常念咒可以心中默念，但是如果有計數器或是念珠來計數，是可以使念咒的數量比較明確，一方面激勵自己，一方面可知道自己與阿彌陀佛作了多少溝通。

一般的計數器或是念佛器，念一遍咒就按一下計數器，可以很清楚了知自己的累計數量。

如果有戴手珠、念珠的習慣，也可以用珠子來計數。

如果不喜歡或不方便攜帶以上這些計數的工具，也可以用手指頭來計數。我們有十個手指頭，而每個指頭都有指節，以大拇指按一個一個指節來計數。

這些計數的工具，除了計算持誦遍數的功

計數器

念珠

我可以用什麼計數器來計數我念了多少遍咒語名號？

十個手指頭

計數表

用外，有時也有助於我們收攝自己散亂的心。

此外，坊間也可以找到一種用小空心圓點排成蓮花或其他莊嚴圖樣的計數表，每一空心圓點可依自己訂定代表108遍或是1000遍不等，每圓滿訂定的次數，就將空心圓點塗滿，當整張空心圓點都塗滿時，表示圓滿十萬遍或特定遍數。

這是很好的策勵自己每日用功持誦的方法。我們有心願想要祈請阿彌陀佛幫忙時，可以在這計數表上寫上自己的心願，然後發願要為此心願持誦幾遍佛號或真言，等圓滿之日，可以做一次總的功德迴向。如果坊間買不到這種計數表，也可以自己用紙張畫，簡單做成一格一格的記數表，也是很好用的。

供奉阿彌陀佛
的地方

　　通常我們對佛菩薩都有一種敬畏，在無形之中與佛菩薩也形成一種距離，其實這是不需要的。當我們要祈請阿彌陀佛特別守護，自然希望阿彌陀佛最好與我們住在一起，如心相隨，這樣我們不但隨時找得到靠山，也可以提醒我們，佛菩薩隨時都在我們身，我們並不孤單，如此在人間行路，會更加有力。因此，準備好一個適合阿彌陀佛的空間，迎請菩薩與我們同住，阿彌陀佛一定很樂意到來的。

阿彌陀佛

 居家

　　家中如果有設置佛堂的空間，可以安置阿彌陀佛的塑像或圖像，每天恭敬供養，如果沒有獨立的空間或不方便，則可方便安置在書桌上，這個屬於個人小小的禮佛空間，簡單明淨即可。

　　有些講法認為不可安置佛像在臥房中，但萬一環境空間不許可，也只好安置在房間，畢竟，只要心懷虔敬，有一個可以禮敬阿彌陀佛的地方還是比較重要。

　　最簡便的是用一個精美的相框，安裝一張自己喜愛的阿彌陀佛法相，每天上香、供水。如果是一個單獨禮佛的空間，則可以盡自己所能來莊嚴佈置。

在家中安排一個簡單莊嚴的禮佛空間

辦公室

我們一天最重要時光都在工作場所度過，如果也可以迎請阿彌陀佛住在自己的工作場所中，守護工作中的我們，那就真是太好了。

若工作環境許可，那麼，在辦公桌上放一張阿彌陀佛的尊像，隨時提醒我們不要忘記阿彌陀佛。

我們工作壓力大時，或遇到重大事件、危急時，見到案頭的阿彌陀佛，也會提醒自己阿彌陀佛正守護著自己，自然心生歡喜，心歡喜放鬆了，看事情不緊張不扭曲，當然看事情的態度就不一樣，壓力也就減輕了，事情也容易處理了。

與同事、上司、部屬有衝突時，或是遇到難纏的客戶，也會因見到桌上的阿彌陀佛的尊

辦公室也可以
有小佛堂！

相,而提醒自己,自己和對方都是阿彌陀佛,心柔軟了,關係也就和諧了。

所以,如果有個人專屬的辦公室,方便的話可安置一個小佛堂,或是在自己的辦公桌上放置佛像。

如果辦公室不方便上香,則上下班時合掌禮敬即可,有時可以供上一小盆花,不但可以供養阿彌陀佛,也能增加工作的氣氛。

自己的心成為阿彌陀佛的家

我們也可以隨身攜帶阿彌陀佛的尊像,遇到問題即隨時祈請阿彌陀佛。當然,最不會忘記攜帶的,就是請阿彌陀佛住在我們的心裡。

心中想著慈悲的阿彌陀佛,讓自己的心成為阿彌陀佛的家,祈請阿彌陀佛隨時守護我們。

讓自己的心成為阿彌陀佛的家,最方便了!

101

　　也因為我們要請阿彌陀佛住在我們的心中，所以我們會自然的漸漸淨化我們的心，慢慢的我們的行為、我們的心也會有所改變，這不就得到阿彌陀佛最好的、最有保障的守護嗎？

第 *4* 章 有求必應的
守護秘法

與阿彌陀佛相應的 方法

　　既然阿彌陀佛守護我們，我們最好能夠每天抽時間來練習與阿彌陀佛相應的方法，如果平常沒時間，最好要空出每月的十五日來修法，因為這一天是「三十日佛*」中的阿彌陀佛日，「三十日佛」的說法流傳年代久遠，所以在這一天修持阿彌陀佛的方法，修法功德會更大。

── 解說 ──
・三十日佛　是五代一位禪師將一個月三十日配以三十
　尊佛菩薩名號，以供念誦之用。

三十日佛中的十五日是阿彌陀佛日

　　我們可以每日恆修阿彌陀佛的法門，與佛陀日日有約，一定可以獲得阿彌陀佛的慈悲護佑，成就我們無量壽命、無量光明的境界，增長福德智慧，避免非時而死等種種困頓險難。

　　我們於每天清晨醒來，盥洗之後，或其他合適的時間，選擇一個安靜的地方，以清淨的身心，練習以下與阿彌陀佛相應的方法。

方法一

　　1.選擇莊嚴法相後，於法相前，雙手合掌恭敬禮拜阿彌陀佛。

　　2.清楚觀察阿彌陀佛，並思惟阿彌陀佛的慈悲、智慧及其種種殊勝的功德大願，然後將其莊嚴身相、偉大功德都明晰地烙印於心中。

　　3.然後，想像從阿彌陀佛的心中，放射出無盡無量的光明，光明注照著我們，將我們一

切的障礙、煩惱、苦惱、迷惑、無知、無明都完全在光明之中消融了。頓時，我們的身體、語言、心意都清淨了，慈悲、智慧、福德自然地在我們心中，不斷的增長。我們就安住在無盡的光明之中。

4.接著，我們可以合掌稱念「南無阿彌陀佛」至少一百八遍以上，愈多愈好，平時在心中亦可默念誦持佛號，阿彌陀佛的加持佑護功德不可思議。

方法二

另一方法是有如寺院作早課的方法一般，於每天早晨起身、盥洗之後，於佛像或佛經之前，面向西方端正站立。

唱誦「歸依佛」一拜。

唱誦「歸依法」一拜。

107

唱誦「歸依僧」一拜。

　　唱誦「南無本師釋迦牟尼佛」一拜。

　　唱誦「南無彌勒菩薩」一拜。

　　唱誦「南無普賢菩薩」一拜。

　　唱誦三遍「南無西方極樂世界大慈大悲阿
彌陀佛」三拜。

　　然後以長跪的姿勢、或是端坐、或是保持
端正站立；或發出聲音朗念、或澄心念誦阿彌
陀佛佛號。

　　再唱誦「南無西方極樂世界大慈大悲阿彌
陀佛」一拜。

　　唱誦「南無觀世音菩薩」一拜。

　　唱誦「南無大勢至菩薩」一拜。

　　接著誦念發願偈曰：

　　「願生西方淨土中，九品蓮華為父母，

　　花開見佛悟無生，不退菩薩為伴侶。」

（三問訊或三頂禮）

　　依此方法每天練習，就像生活在極樂世界。如果有時出門在外，不方便供像禮拜者，可以向西方合掌，稱念阿彌陀佛，再誦念偈迴向。

　　每天可以固定時間練習，次數以日日增加為佳，最好不要減少。

 ## 方法三

　　此外，於任何時間，於任何處所，隨著任何因緣，不管我們作任何事情，在行、住、坐、臥時，語默動靜之間，所有的見聞覺知，色、聲、味、觸，心有所意念，或是意有所觀，即是攝持六根（眼、耳、鼻、舌、身、意）來稱念「南無阿彌陀佛」。

　　如果看人殺生而不能前往救助時，可以為

其念「南無阿彌陀佛」，幫助度其識神往生安樂。

若遇到病人而沒有能力救護時，當念「南無阿彌陀佛」來幫助他，免除他的痛苦而生起安樂之心，並須為他廣說阿彌陀佛國土的安祥快樂之事，及阿彌陀佛的願力，勸其專念求得往生極樂世界。

當我們無事休閒之時，可以稱念「南無阿彌陀佛」，讓我們的心情保持寧靜安住念佛而不胡思亂想。以此類推，無非是「南無阿彌陀佛」的清淨心念相續不斷而已。

隨時隨地稱念佛號：「南無阿彌陀佛，南無阿彌陀佛……」念至如同《阿彌陀經》講的：「若一日、若二日、若三日……乃至若七日一心不亂念佛。」

隨時隨地二十四小時就是這樣念佛，與

阿彌陀佛相應。任何時刻心中都是「阿彌陀
佛」，隨時隨地都是心念阿彌陀佛。

求長壽的秘法

　　人類自古來對長壽、長生不老的追求，一直沒有停止過，從煉丹、養氣等等，到現今尋求生物科技、ＤＮＡ的辦法來解決細胞老化的問題，不一而足。

　　阿彌陀佛的另一個名字是無量壽佛，可見具足無量壽是他的特德之一。在密教又稱為長壽佛，與白度母、尊勝佛母合稱為長壽三尊，有長壽法傳世，可見彌陀並不是一般認為，只對臨命終之人有特殊濟度，他對我們現世求長壽，也是有很強大效用的。

　　因此經常誦持「南無無量壽佛」、「南無阿彌陀佛」或是真言，可以增長我們的壽命。

吸收極樂世界光明能量秘法

極樂世界是很多人都很嚮往的世界，如果我們在這個世界也可以吸收到極樂世界的光明能量，那真是喜樂極了！

當我們心力、能量消耗殆盡時，練習以下的方法，可以馬上增補光明的生命能量，讓我們繼續邁步向前。

1. 吸收太陽的光明能量

由於極樂世界在西方，所以這個方法是以太陽在西方落下的緣起，來吸收西方極樂世界

的能量。

最好選擇一個可以看到落日的地方來練習，例如淡水河邊，平坦的大地，我們面向西而坐_*，看著落日。

我們專注一心的看著落日，但不要緊張，要放鬆的看，唯有放鬆才能做到真正的專注。

然後，把落日猶如懸鼓的景像定格，記住在心中。然後練習至不論閉目、開目之時，落日都十分的明了清楚浮現，如果能練習到這樣的程度，就算初步成功了，這西方的落日象徵阿彌陀佛光明。

2. 吸收極樂世界的水能量

── 解說 ────────
・面向西而坐　因為彌陀的極樂淨土在西方，所以我們隨順緣起，面西修觀，會有緣起上的方便與力用。

我們想像極樂世界中，所有的一切，都是廣大的海水，水十分的澄澈清淨。儘可能觀想到很清楚的見到無際的大水。接著觀想所有的水都變成冰。

如果一開始沒辦法將這片大水全部觀成冰，我們可以先想一小部分變成冰。然後慢慢擴大，然後觀想有的水都變成冰。

當我們見到冰海映徹如同淨海般的透藍，如同無雲晴空一般之後，再將水觀想成大冰海成為完全透明澄澈的琉璃世界。

這個是極樂世界的琉璃冰海，觀想清楚，就可以吸收這琉璃冰海的能量。

3. 吸收極樂界的寶地能量

再來要觀想琉璃世界之上，有金剛七寶所製成的金剛寶幢，上面擎著琉璃寶地。

這些金剛寶幢具有八方八個稜角，八個方
向都是由百寶所製成的。上面所鑲的每一顆寶
石，都具有千種光明，而每一光明有八萬四千
種顏色，映照著透明的琉璃寶地，如同千億顆
的日輪齊照，令人無法直視。

　　你可以觀想越清楚越好，可以一個一個光
明慢慢增加，漸漸地觀想力就會隨之進步了。

　　觀想越清楚，你所吸收到的能量越強。

・琉璃地

　　在琉璃地上，有黃金繩做為間錯分隔的邊
線，大地上則用七寶為地界，排列的十分整齊
光明。每一種妙寶中都有好多種顏色的光芒，
這些光明幻化如同花、星星、月亮一般。懸掛
在虛空之上，成為光明的寶臺。

　　此外，還有好多好多座的樓閣，都是由百

寶合成，在光明臺的兩邊，上面各有百億的花
幢及無量樂器，來做為莊嚴。

當極樂世界的清風，從光明中漩出來時，
就會鼓動這些樂器，所發出的音聲，是讓人們
一聽到便趣入佛法的法音。

注意！進行以上的景像越清晰越好，最好
是開眼、閉眼景象，都不會散失。甚至連平時
的時間，都可以觀想的很清楚。

記得，觀想越清楚，你所吸收到的能量愈
多。

4. 吸收極樂世界的寶樹能量

接下來的方法，愈來愈細密，現在要想像
極樂世界的寶樹。

首先我們想像山し行排列的樹。每一棵樹
都高大無比，想得愈高大愈好，這些寶樹都是

117

光明寶樹，每一個華葉都現出各種不同珍寶的
妙色，所以儘可能想像各種光明的變化。從琉
璃色中流出金色的光明，從頗梨色中流出紅色
的光明，瑪瑙色中流出車磲的光明，車磲色中
流出綠真珠的光明，並且有珊瑚、琥珀等一切
眾寶做為映飾，可真是名符其實的寶樹。

每一棵寶樹上又有七層的寶珠網。這些珍
寶相間相錯，都是最上的妙色。而這些寶樹相
互之間的排列，非常的齊整。在葉與葉之間，
生出了許多的妙花，花上亦長著七寶的果實。

極樂世界什麼都大，每一片樹葉的尺寸長
的都一樣，經典上說，長寬相等有一千里長，
如果沒辦法想那麼大，就想很大很大就好了。
而且，樹葉的顏色少說有千種顏色，而且畫紋
也幾百種，就像是天上的纓絡妙寶一樣。

寶樹還有無數的妙花，會發出最美的紫金

色，顏色非常特別，像是旋轉的火輪一般，流光宛轉在樹葉之間。

你可以想像最美的寶樹林，就儘可能想，想得愈清楚，所吸收的能量愈強。

5. 吸收極樂世界的寶池能量

接著觀想極樂世界的寶池。

在極樂世界中有八座寶池，每一座寶池都是由七種寶石所構成的。

寶池彼此之間有水渠相互通連，這些渠道都是用黃金製成的，渠下都有各種顏色的金剛砂做為底沙。經典上寫每一個水池中有六十億朵的七寶蓮花，每一朵蓮華的周圓大小，都剛好四百八十里。這樣的數字對我們而言，實在太不可思議了，所以呢，我們能想多大就儘可能的大。

　　這摩尼的寶水流注在華間，隨著樹而上下流動；發出微妙的聲音。

　　水池中的光明化現出百種寶石色的鳥，鳥叫的聲音，會讓我們身心感到非常的放鬆。

　　極樂世界的寶池真的很美妙，慢慢的練習，我們的觀想會來越清楚，就能吸收更多的寶池能量。

6.吸收極樂世界寶樓閣的能量

　　極樂世界的寶樓閣，是極樂國土眾生的住所。

　　這些樓閣當中，有無量的諸天演奏著天上的妙樂。有的樂器懸處在虛空當中，好像天上的寶幢樂器，沒有彈奏者而自然彈奏出美妙的樂音。聽到這樂音會自然讓人放鬆。

　　成功的觀想寶樓閣後，我們的心就與極樂

世界的寶樹、寶地、寶池的種種光明美好相應
了。

　　如果經常練習以上的觀想，就能去除生命
中的惡業障礙，也能讓我們週遭的環境與極樂
世界的光明產生聯結，慢慢地能夠自然吸收極
樂世界的能量。

7. 吸收極樂世界的蓮華座能量

　　我們時時受到阿彌陀佛的守護，如果能親
自見到阿彌陀佛，那就真是太好了。接下來是
觀想阿彌陀佛的寶蓮花座。

　　阿彌陀佛的寶蓮華座很大很大，在極樂世
界七寶大地上有蓮花，蓮花的每一葉都有百寶
的妙色，每一片葉子都有八萬四千支葉脈，就
像是天畫　般。在每一葉脈上都有著八萬四十
種光明，好像在我們眼前一般清楚。

121

阿彌陀佛

　　每一片葉子上都有摩尼寶珠；每一顆摩尼寶珠都放出千種的光明，這些光明就像是寶蓋一般，由七寶合成，遍覆於大地之上。

　　蓮華上有花臺，在蓮華臺上，自然有四柱的寶幢，幢上的寶幔又有五百億的微妙寶珠，做為映飾，發出種種光明。

　　極樂世界的妙寶蓮花，是源於阿彌陀佛。

　　當我們練習這個觀想時，要一個一個相來觀想，每一片葉子、每一顆珠、每一道光芒、每一座花臺、每一寶幢最好都能觀想的清楚明白，就像在鏡中見到影像一般了了分明。

　　極樂世界的景像與我們生存的世界相比，景物都大多了，且繁複美妙多了，我們就儘量觀想，觀想越好，所吸收到能量愈多。

8.極樂世界三尊的能量加持

一切諸佛都是從我們自心中產生的。諸佛是宇宙法界身，遍於一切，當然也常住我們的心中。

所以，當我們的自心在念佛時，其實自心即是圓滿的佛陀。

這是我們觀想阿彌陀佛最好的方法。

我們練習觀想阿彌陀佛的像貌，要練習到閉目、開目都見到阿彌陀佛的寶像，具足最尊貴的紫金妙色，安坐在蓮華寶座上。

接著，觀想觀世音菩薩的寶像坐在阿彌陀佛左邊的蓮華座上，放出金色的光明，而大勢至菩薩則坐在右邊蓮華座上。

三尊佛菩薩都放出微妙的金色光明，我們的耳中，彷彿能聽微妙的水流聲、風聲、樹

生肖
御守護
阿彌陀佛

觀想阿彌陀佛
光明的能量
加持著自己

聲、鳥啼。

9. 總觀想

　　最後，我們要將整個極樂世界無量光明的能量，傳送給自己。

　　現在，我們好像觀想見到自己在極樂世界的蓮華中安坐著。

　　當蓮華開時，有種種的光明來照耀我們。

　　我們四週的親人、朋友、同事，就像極樂世界的聖眾一樣，我們所聽到的水聲、鳥聲，甚至吵雜的噪音，都像極樂世界美妙的音樂，如果能時時安住在這種境界，那麼就成功地吸收了極樂世界無量光明的幸福能量，能強力轉化我們生命中的負面能量，具足積極開創成功的力量！

臨終守護的秘法

　　生老病死，是人生不可避免的事，什麼時候發生，則沒人說得準。無論是為自己或他人，在面臨死亡的災難時，要如何幫助亡者，守護自身呢？

　　在阿彌陀佛的四十八大願中，有三個願景特別針對臨終者的守護，因此，在面臨死亡的威脅時，我們可以祈請阿彌陀佛慈悲的守護。

　　臨終守護的方法是：

　　首先，我們必須對亡者生起大悲心，依於智慧了知空性，了知是心是佛、是心作佛，接著觀想自己就是阿彌陀佛，請觀想清楚。

　　當我們助念時，儘量讓自己位於亡者心輪

以上的位置。如果是到殯儀館或太平間，或是在醫院的病房裡，我們要馬上將此處觀想現成極樂世界，亡者所躺的地方就化成蓮花，如果定力越好的則觀想得越鞏固，對亡者的幫助也就越大。

如果自己的力量不夠，就祈請阿彌陀佛、觀世音菩薩等聖眾加持，讓我們所思惟觀想的境界能夠現起。

觀想的力量增強時，同時也增強現場的磁場。我們要善巧運用佛菩薩的光明，把我們自身當做亡者到阿彌陀佛極樂世界之間的橋樑。

我們的身心清淨，宛如透明晶瑩的水晶一般，極樂世界阿彌陀佛的光明透過我們的身體，照耀著亡者。

再觀想臨終的人，身處於蓮苞中，在阿彌陀佛前的蓮池花苞裡化生。

　　我們的身體、心意都如此導引他。在語言上，我們輕輕附在他耳邊，心念很清楚、很明白地告訴臨終者要憶念阿彌陀佛，看他想往生那裡就往生那裡，幫助他轉世自在。我們可以跟他說：「現在一心念佛，放下一切，一切都是虛妄的，所有的親人都支持你到極樂世界去，千萬不要捨不得。」

　　在一旁的親人要注意，不要在一旁哭叫：「不要走！不要走！」這樣會讓亡者，心生不捨、痛苦，而有墮入不好生處的危險。我們要很安詳，很平和地把親人送到更好的生處去，就像親友要出國，我們要歡喜地祝他一路順風，不要在一旁干擾他，讓他痛苦。

　　大家應該請亡者要清楚地念佛，說一些法語給他聽，讓他完全自在，完全放下。

　　也可以告訴他：「你與阿彌陀佛平等無

二」，雖然他會怕，但無妨，盡量導引他，告訴他阿彌陀佛的模樣，讓他憶念阿彌陀佛、極樂世界。

把《阿彌陀經》、《十六觀經》的境界，用白話文說給他聽，讓他憶起阿彌陀佛、極樂世界，鼓勵他看到彌陀境界現起，就要放下一切隨阿彌陀佛或是諸聖眾到極樂淨土去。

接著，繼續導引他：觀世音菩薩、大勢至菩薩都現前了，阿彌陀佛放出無量的光明伸手接引，不斷地告訴他。

如此，在心意中觀想、身體現阿彌陀佛身、語言上不斷導引我們的，身體、語言、心意三者都在幫助亡者，讓他能夠往生善處。

如此不斷相續，周遭的人也能誠心助念，一句彌陀、一個光明、句句彌陀、句句光明，這些光明就進入他的神識，從其頂輪注入，就

129

　　像經典中佛陀都是從口中放出光明，注入菩薩
的頂輪。

　　以上是主體，再來是輔助工具，在臨終的
處所，我們可以點香。如果柱香不方便，可以
點盤香、臥香。

　　重要的是選擇好香，不要用劣質的香，或
是化學合成的香，那會引動鬼神前來，其香味
很嗆一般人也受不了。最好的選擇是用上好的
沉香。

　　如何分辨香的好壞呢？純沉香拿起來薰一
薰，一定不會刺鼻，如果把香氣閉住的話，頭
不會暈，這就是好香。

　　香的放置處，盡量置於靠近頭部的地方，
讓任何會引動亡者神識的一切，都盡量往上集
中。

　　除此之外，也可以把手放鬆、放空，凌空

放在亡者的心輪上（不要貼觸到亡者），徐徐
往頭頂撫順，我們觀想自身是阿彌陀佛，觀想
亡者也是阿彌陀佛，同時，想像我們的手掌放
出光明，從臍輪撫順至頂輪出，從這光明的脈
道中往上，一面做一面觀想，觀想他坐在蓮座
上面，在光明的脈道中往上升，這都有幫助。

　　如果有準備加持的物品更好，像金剛明
砂、往生被、甘露丸都可以。

　　但是，最重要的心要掌握好，誠懇祈請阿
彌陀佛的守護，阿彌陀佛一定會引領亡者到達
極樂世界。

　　平時守護臨終者，最能積聚福德，也是與
阿彌陀佛的心願相應，必定能獲得無上的福
佑。

實用御守護

 隨身帶著阿彌陀佛的法相

　　將阿彌陀佛的法相隨身攜帶，當心情不好或是遇到難題無法解決時，就可以對著阿彌陀佛的法相，訴說自己的心情與難處，思索阿彌陀佛會如何處理這問題。

　　當我們如此思惟時，阿彌陀佛會及時加持我們，讓我們的頭腦變得比較清楚，能夠清楚的看出問題所在，如此一來，我們的心就慢慢的開了，能夠用更寬廣的角度與心態面對問題，無形中問題便迎刃而解。

　　也可以將阿彌陀佛法相置於頭上，然後在

心中默念阿彌陀佛名號或咒語二十一遍，祈請阿彌陀佛加持我們，然後將法相置於心輪（兩乳中央的位置），觀想將阿彌陀佛收融於心輪，再將法相收起來。

　　隨時想到就拿出法相來看，就好像思念母親一樣，端詳著法相，在這樣的瞻仰中，阿彌陀佛的能量就會傳遞給我們，加持我們，增加我們的生命能量。

附：彌陀四十八大願

　　願力是諸佛菩薩成就與度眾方便的驅動程式，因此，要認識一位佛菩薩，很重要的一點就是要了解他的本誓悲願。

　　要祈請佛菩薩的護佑，有一個很有用的小秘訣，就是依佛菩薩發的誓願來向他祈請，功效特別大。比如，我們有什麼病痛，會特別向藥師佛祈請，那是因為，藥師佛曾經發過特別針對眾生有病痛時，給予特殊救護的願，因此，與病痛的眾生特別有緣，我們依藥師的願，向他祈請也會特別相應、有效。

　　體解阿彌陀佛所發的誓願，也就是他守護我們的各種善巧方便後，我們會親切體受到阿

彌陀佛對我們的心意，從此不論禮敬彌陀、持誦彌陀的名號咒語，或是觀想修習彌陀的法門，就更容易趣入。

現在我們就來看看阿彌陀佛的廣大悲願。

當阿彌陀佛過去生為法藏比丘時，世自在王佛為法藏比丘抉擇廣說了二百一十億個諸佛剎土的境界，為他開解其中天人的善惡、國土的粗糙、微妙等境界，相應於他的心願，都完全示現與之。

當時，法藏比丘現觀聞了佛陀所解說的莊嚴清淨國土，自然發起無上殊勝的大願。這時他的心中十分的寂靜，無所執著地宣說弘大的誓願：「

設我得佛，如果國中還有地獄、餓鬼、畜生等三惡道，我決定不取正覺。

設我得佛，如果國中人天眾生，壽終之

135

　　後，又墮入三惡道者，我決不取正覺。

　　設我得佛，國中人天的身相，如果不悉同為真金色者，我決不取正覺。

　　設我得佛，國中人天，如果有形色不同有相貌差別好醜者，我決不取正覺。

　　設我得佛，國中人天，如果不完全了識宿命智慧，下至知曉百千億那由他諸劫的諸事者，我決不取正覺。

　　設我得佛，國中人天，如果不得天眼智通，下至徹見百千億那由他諸佛國土的情形者，我決不取正覺。

　　設我得佛，國中人天，如果不得見他心智通，下至了知百千億那由他諸佛國土中的眾生心念者，我決不取正覺。

　　設我得佛，國中人天，如果不得神足通智，神通自在，在一念頃的時間中，不能超

百千億那由他諸佛國，用遍巡歷供養諸佛，我決不取正覺。

設我得佛，國中人天，遠離分別貪染，如果生起想念貪著執計自身者，不能決定成就正覺者，我決不取正覺。

設我得佛，國中人天，如果不安住於三昧定聚，並決定必至成就無上正覺而涅槃滅度者，我決不取正覺。

設我得佛，如果光明有能限量，下不能至明照百千億那由他諸佛國土者，我決不取正覺。

設我得佛，如果壽命有能限量，甚下至百千億那由他劫者，我決不取正覺。

設我得佛，國中的聲聞無有能知其數，假使三千大千世界中，所有眾生及緣覺，在百千劫中盡其智慧計算，若能校知其數者，我決不

阿彌陀佛

取正覺。

　設我得佛，國中人天，壽命無能限量，除其本願，脩短自在而受生者。如果不能如此，我決不取正覺。

　設我得佛，國中人天，乃至聽聞有不善名者，我決不取正覺。

　設我得佛，十方世界中的無量諸佛，如果沒有全部讚嘆我名者，我決不取正覺。

　設我得佛，如果十方世界的眾生，聽聞我名，而至心信樂，所有根心善心迴向願生我國，乃至十念，如果不能往生者，我決不取正覺。唯除違犯五逆重罪及誹謗正法的眾生。

　設我得佛，十方世界中的眾生如果發起菩提心，勤修各種功德，如果至心發願，以善根迴向欲生我極樂國土者，在臨壽終時，假令我不與大眾圍遶，示現在其人面前者，我決不取

138

正覺。

　　設我得佛，十方的眾生聽聞我的名號後，繫念我極樂國土，並植下各種功德根本，至心迴向，欲生我國，如果不果遂能生者，我決不取正覺。

　　設我得佛，國中人天，如果不能成滿三十二大人相者，我決不取正覺。

　　設我得佛，他方佛土的菩薩大眾，如果要來生我國者，究竟必至成為一生補處*。惟除他有本願，為一切的眾生，披起大願弘誓的鎧甲，積累妙德之本，自在教化度脫一切眾生，而遊歷諸佛國土，修習菩薩行，供養十方諸佛如來，開導化育宛若恒河沙般無量的眾生，使

── 解說 ──────────────

・一生補處　即將成佛的最後身菩薩。

他們安立於無上正真之道，超出一般菩薩常倫
的諸地境界之行，現前修習普賢的妙德。如果
不能如此的話，我決不取正覺。

設我得佛，國中的菩薩，能承受佛陀神力
的加持，供養十方世界的諸佛，在一食之頃，
如果不能遍至無量無數億那由他的一切佛國
者，我決不取正覺。

設我得佛，國中的菩薩，在諸佛前顯現他
的功德，並奉獻所求的一切供養之具，如果不
能如意者，我決不取正覺。

設我得佛，國中的菩薩，不能順入並演說
一切智者，我決不取正覺。

設我得佛，國中的菩薩不能得到宛若金剛
不壞的那羅延身者，我決不取正覺。

設我得佛，國中的人天，所有的一切萬
物，都是莊嚴清淨具足光麗，形色殊勝奇妙，

窮微極妙，沒有人能夠加以稱量。如果有眾
生，就是獲得天眼，也不能了知這些形色光
明，如果有人能夠明了辨別這些形色光相者，
我決不取正覺。

設我得佛，國中的菩薩，乃至僅具微少的
功德者，如果不能知見，在極樂世界的道場樹
具有無量光色高達四百萬里者，我決不取正
覺。

設我得佛，國中的菩薩，如果受讀經法，
諷誦、受持、解說，如果不能得證辯才智慧
者，我決不取正覺。

設我得佛，國中菩薩的智慧辯才，如果可
以限量者，我決不取正覺。

設我得佛，國土的清淨，能普遍照見十方
一切無量。無數不可思議的諸佛世界，猶如面
照明鏡能夠見其面像一般。如果不能如此的

話，我決不取正覺。

　　設我得佛，自大地至於虛空之中，所有的宮殿、樓觀、池流、華樹，國土所有一切的萬物，都是以無量的雜寶及百千香共同合成，嚴飾奇妙，超諸一切的人天之上，這香氣普薰十方的世界，菩薩薰聞之後，都能勤修佛行。如果不能如此的話，我決不取正覺。

　　設我得佛，十方無量不可思議諸佛世界中的眾生之類，聽聞我的名字，如果不能證得菩薩的無生法忍，證得各種甚深總持陀羅尼者，我不取正覺。

　　設我得佛，十方無量不可思議的諸佛世界，如果有女人，聽聞我的名字，生起了歡喜信樂，發起菩提心，並起厭患女身，壽終來世之後，如果不捨棄女身，我決不取正覺。

　　設我得佛，十方無量不可思議諸佛世界的

菩薩大眾，聽聞我的名字，得證遠離生死之法，在壽終之後常修梵行，直至成就佛道。如果不能如此之話，我決不取正覺。

設我得佛，周遍十方無量不可思議諸佛世界的諸天人民，聽聞我的名字，能五體投地，稽首作禮，生起歡喜信樂，以清淨心修菩薩行，諸天世人皆莫不向他致敬。如果不能如此者，我決不取正覺。

設我得佛，國中的人天，如果欲得衣服，隨念即能現起，如佛陀所稱讚的相應如法妙服，自然覆在身上，如果需要有裁縫、染治或浣濯者，我決不取正覺。

設我得佛，國中人天，所受的心淨快樂，如果不如已煩惱漏盡的比丘者，我不取正覺。

設我得佛，國中的菩薩，隨意欲見十方無量莊嚴清淨的佛土，應時即能如願，在寶樹之

中，皆能圓滿照見，猶如照於明鏡一般，親見
其面像，如果不能如此者，我決不取正覺。

設我得佛，他方國土的諸菩薩眾，聽聞我
的名字之後，乃至於得證佛果之際，有諸根缺
陋身體不具足者，我決不取正覺。

設我得佛，他方國土的諸菩薩眾，聽聞我
的名字之後，都能證得清淨解脫的三昧，並安
住在此三昧中，在一發心意的頃刻之間，就能
供養無量不可思議的諸佛世尊，而又能不失去
三昧的定意。如果不能如此者，我決不取正
覺。

設我得佛，他方國土的諸菩薩眾，聽聞我
的名字，在壽終之後，出生於尊貴家庭。如果
不能如此的話，我決不取正覺。

設我得佛，他方國土的諸菩薩眾，聽聞我
的名字之後，歡喜踴躍，勤修一切的菩薩行，

並具足善根德本。如果不能如此的，我決不取
正覺。

　　設我得佛，他方國土的諸菩薩眾，聽聞我
的名字之後，都能證得普等三昧，安住在此三
昧之中，直至於成佛之時，能夠常見無量不可
思議的一切如來。如果不能如此的話，我決不
取正覺。

　　設我得佛，國中的菩薩，隨著他的心志意
願，想要聽聞的教法，自然能夠聽聞。如果不
能如此的話，我決不取正覺。

　　設我得佛，他方國土的諸菩薩眾，聽聞我
的名字之後，不能夠得證至不退轉於無上菩提
道者，我決不取正覺。

　　設我得佛，他方國土的諸菩薩眾聽聞我的
名字之後，不能夠立即得至第一音響忍，第二
柔順忍，乃至第三無生法忍，在一切佛法中不

能即得不退轉者，我決不取正覺。」

　　這是，法藏比丘在世自在王佛前宣說的誓願，由此，我們可以了解阿彌陀佛對我們的守護是全方位的，從世間的物質滿足，到出世間的無上菩提，可說是面面俱到。我們在閱讀這些誓願時，同時要感受到阿彌陀佛心意的加持，感恩他對我們的細密守護。

百年生肖御守護

千手觀音	虛空藏菩薩		文殊菩薩	普賢菩薩	大勢至菩薩		大日如來		不動明王	阿彌陀佛	
鼠	牛	虎	兔	龍	蛇	馬	羊	猴	雞	狗	豬
1900	1901	1902	1903	1904	1905	1906	1907	1908	1909	1910	1911
1912	1913	1914	1915	1916	1917	1918	1919	1920	1921	1922	1923
1924	1925	1926	1927	1928	1929	1930	1931	1932	1933	1934	1935
1936	1937	1938	1939	1940	1941	1942	1943	1944	1945	1946	1947
1948	1949	1950	1951	1952	1953	1954	1955	1956	1957	1958	1959
1960	1961	1962	1963	1964	1965	1966	1967	1968	1969	1970	1971
1972	1973	1974	1975	1976	1977	1978	1979	1980	1981	1982	1983
1984	1985	1986	1987	1988	1989	1990	1991	1992	1993	1994	1995
1996	1997	1998	1999	2000	2001	2002	2003	2004	2005	2006	2007
2008	2009	2010	2011	2012	2013	2014	2015	2016	2017	2018	2019

感謝阿彌陀佛的守護

在狗年出生的我們，

感謝慈悲的阿彌陀佛的守護

在我們生命困頓之時護佑著我們，

當我們感到孤獨無助時陪伴著我們，

在黑暗時點亮一盞光明之燈

在危急時伸手援救我們

⋯⋯⋯⋯⋯⋯。

南無　阿彌陀佛

修持計數表

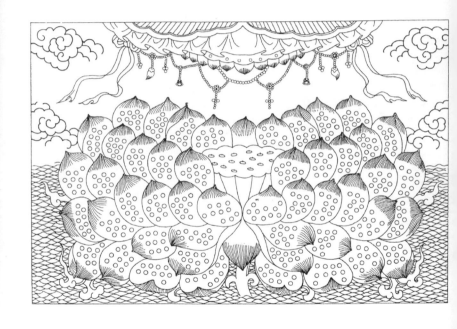

修持計數表

修持計數表

修持計數表

修持計數表

十二生肖御守護香

珍貴沉香結合聖地加持，隨香附贈供香滿願秘法

俗語說，有福報的人是「上輩子燒好香」，用專屬的生肖御守護香供養，諸佛菩薩、龍天護法歡喜，燒好香Ubobi，增福又轉運，所求願滿！

以珍貴稀有的越南頂級沉木為主原料

沈香的原料沉木，是吸收了整個大地的精華所形成的。
沈香木在生長時，並不稱為「沈木」，而是在樹身受傷後，經過漫長的歲月，形成「樹脂瘤」，埋藏在沼澤之中，經由浸蝕，木頭開始腐朽，經過很長的一段時間，木質部分因腐朽而去除，只剩下單純的樹脂瘤，才叫做「沈」。而沉木的品質又因產地而異。十二生肖御守護香以頂級的越南沉為主原料，精製而成。

內含八大聖地加持物不可思議的加持

十二生肖御守護香系列，除了以特級越南沉香為主原料之外，更加入佛陀八大聖地及舍利子等密意加持物，力量不可思議。每種生肖御守護香並附供香祈請滿願秘法。

時機使用

● 供佛祈願：每日供佛，誠心祈願，所求圓滿。
　坐禪讀經：坐禪讀經燃香，安定身心，智慧清明。
　出差旅遊：於旅館燃香，清淨住處，平安守護。
　親友聚會：親友聚會，燃點此香，眷屬和樂。
　品茗花道：茶道、花道配合心香嬝嬝，意境幽遠，提昇心靈。
　清淨護身：醫院探病、出入喪葬場合，去前、歸家，薰香護身。
　安神收驚：小兒受驚，燃香薰身，安神好眠。
　臨終守護：從臨終至七七期間，為亡者燃香祝願，守護其平安往生淨土，蓮品增上。

「豬年吉祥・諸事大吉」特惠專案

為迎接吉祥豬年，普月文化特別推出特惠專案，
96年3月31日以前訂購十二生肖御守護香任一種，
皆享以下優惠，並加贈精緻品香盤一座。

1. 盤香：每片可燃4小時，每盒48片，原價$2300特惠期間$1700
2. 迷你盤香：每盒48片，每片可燃2個小時，原價$2100特惠期間$1600
3. 細線香：每根可燃40分鐘，每盒約100枚，原價$3000特惠期間$1800
4. 短臥香：每根可燃70分鐘，每盒約160枚，原價$2600特惠期間$1900
5. 香塔：每盒24個，每個可燃20分鐘，原價$950特惠期間$690

十二生肖御守護香訂購單

請於下表中填上數量，回傳02-25081733，並請來電確認

填表人姓名：＿＿＿＿＿＿＿＿＿＿＿　　電話：＿＿＿＿＿＿＿＿＿＿＿
宅配地址：＿＿＿＿＿＿＿＿＿＿＿＿＿＿＿＿＿＿＿＿＿＿＿＿＿＿＿＿
◎請問您用香的週期為：□每日　□每週　□固定日子才點
◎請問您用香的時機為：□供佛(或神)　□坐禪　□讀經日課　□祈願
□出差旅遊護身　□放鬆身心　□品茗　□贈禮　□其他＿＿＿＿＿＿＿＿

	細線香	短臥	盤香	迷你盤香	香塔	隨意包
1生肖鼠千手觀音守護香						
2生肖牛虛空藏菩薩守護香						
3生肖虎虛空藏守護香						
4生肖兔文殊菩薩守護香						
5生肖龍普賢菩薩守護香						
6生肖蛇普賢菩薩守護香						
7生肖馬大勢至菩薩守護香						
8生肖羊大日如來守護香						
9生肖猴大日如來守護香						
10生肖雞不動明王守護香						
11生肖狗阿彌陀佛守護香						
12生肖豬阿彌陀佛守護香						
合計						

總金額：＿＿＿＿＿＿＿＿＿＿＿＿＿＿＿（若須郵寄請加宅配費用大台北地區$100　大台北以外地區$150）

郵政劃撥：18369144　普月文化有限公司
電話：(02) 25083006　傳真：(02) 25081733
地址：10455 台北市松江路69巷10號5樓
http://www.buddhall.com

定價 240 元

關於前世、今生與來生

你相信前生影響今生的命運嗎？
我們如何面對自己的前世今生，
轉化前世糾纏不清的輪迴力量，
成為今生積極向上的能量呢？
本書揭開因果輪迴的真相，告訴我們如何超越輪迴，
從今生來觀察前世。釐清通靈看三世因果的問題，
提出如何解決前世的方法，甚至超越時空，
回到未來創造我們美麗的生命。

定價 250 元

關於死亡與轉世之路

看著時間一分一秒的流逝，
面對死亡時，是恐懼？哀戚？還是無奈？
當我們看清死亡的真實面貌時，
我們開始掌握死亡的第一步，
當面臨死亡的關鍵時刻時，
能夠安然自在的面對，
甚至生死自在地走向所希望的轉世之路。
並且當親人摯友要離世而去時，
我們能提供他們最完全的臨終守護，
陪伴守護他們走向另一個光明的旅程。

定價 240 元

關於決定自己的未來

你知道如何正確地創造自己未來的幸福？
本書告訴你如何立基於了解整個時間空間，
觀察過去的因果緣起，
充分利用現在自身的條件，
來決定自己的未來。
並且更積極的寬廣自己的生命見地，
讓我們超越輪迴生命，
修練預見未來的方法，
更清楚地掌握自己未來的方向，
實現心中幸福的天地。

定價 240 元

關於結婚後的我們

這是一本伴隨著生命成長的書，
無論你是為人妻、為人夫、
為人母、為人父、青年、壯年、老年，
你所面對的生命問題，
本書將會帶給你理想的答案與方法，
創造生命幸福的軌跡與歷程。

海能量環保清潔系列

　　海能量系列以「生機活體礦物元素」，結合珍貴植物萃取的精華液，研發出可以滿足人類在肌膚衛生、飲食衛生、環境清潔衛生⋯⋯等各種需求的各類產品。

產品特性

　　100%不含香料、不含起泡劑、不含色料。因不含起泡的石化介面活性劑，故無明顯的泡沫，但易沖洗，洗淨效果快速，請拒絕強毒之起泡劑、香料、色料及防腐劑、安定劑之石化成分。同時，也讓大地遠離石化成份、殺菌藥劑等污染。

　　本產品只含純天然精油的清香，不含濃烈的香料。由於不添加石化成份之防腐劑、安定劑，故於瓶口或身會有白色結晶，此係水分在大氣中蒸發回復元素的物理現象。

　　除臭效果迅速，在清洗時如接觸有異味的環境（如內衣褲，有汗液的皮膚，染燙的頭髮⋯⋯等），會迅速的將之分解，亦會產生短暫的異味，此屬正常現象。

購買海能量環保清潔系列，　滿1,000元以上，95折。　（郵購請另加郵資60元）
　　　　　　　　　　　　　滿2,000元以上，9折。

諮詢專線：（02）25081731#18

海能量———100%純天然配方
環保、無毒、無污染、無公害、不傷人體

1. 生機養護潔髮露　(大)$450/750g　(小)$120/100g

效用：

1. 可迅速將蘆薈植物精華液等養份滲透於毛髮，可促進頭髮再生、烏黑，防止脫髮。

2. 如有細菌感染或潰爛性之頭皮，會有殺菌效果的消炎現象，可去除頭皮屑及除油垢臭問題。（註：第一次洗濯因需分解汙垢，泡沫很少，亦會聞到汙垢分解的異味。）

2. 生機護膚潔面露　(大)$450/500g　(小)$150/100g

效用：

1. 可徹底清潔臉部毛細孔內之各種分泌物及汙垢，適用於粉刺及青春痘等問題性皮膚。

2. 防止臉部皮膚感染病菌，改善過敏性及感染性皮膚的問題。（因身體汗液及分泌而產生體味分解的氣味，此乃體味分解的正常現象，請安心使用。）

3. 齒體健康　(大)$350/250g　(小)$150/100g

效用：

1. 常保口腔衛生，保健牙齦及口腔黏膜。

2. 可適用於牙周病、牙齦膨脹、發炎、黏膜炎等現象，幫助恢復正常。

3. 消除煙味、檳榔味、口臭，保持口腔潔淨、清爽無異味。

（本產品可稀釋於水中漱口使用）

4. 生機養護沐浴乳　(大)$450/750g　(小)$120/100g

效用：

1. 清潔肌膚、增強皮膚細胞活化、防止皮膚感染病菌、改善過敏性皮膚的問題。

2. 能清潔各種分泌物及汗垢，達到保持毛細孔之呼吸順暢、促進新陳代謝。（使用時因身體汗液及分泌，產生體味分解的氣味，此乃體味分解的現象，請安心使用）

5. 食物蔬果清潔乳　(大)$350/800g　(小)$100/100g

效用：

1. 清洗蔬果、生鮮肉類、水產食物等，具有稀釋農藥殘留、增加其鮮美及肉質彈性效果。

2. 具有保護肌膚、防止富貴手特殊功效，清洗時無須戴手套。

6. 餐具清潔乳　(大)$350/800g　(小)$100/100g

效用：

1. 可清洗餐具碗盤、砧板、抹布等，一分鐘即可快速除菌。

2. 使用後餐具呈現弱鹼性環境，可有效預防病媒蟲滋生，創造健康又環保的居家環境。

7. 衣衛潔－粉狀　(大)$490/1.5kg　(小)$100/100g

效用：

1. 對油污、血漬具強力洗淨效果，無起泡劑，清洗時用水量少，可節省電力、水力等資源。

2. 衣物自然膨鬆柔軟，不損傷衣物纖維，不必擔心殘留石化成份，保護肌膚避免感染。（清洗時，因分解汗液等污垢殘留，會有短暫之異味產生，洗後即乾爽、清香）

生肖御守護11

狗生肖守護者——阿彌陀佛

編著：五　明

發行人：黃紫婕

責任編輯：吳霈媜　劉詠沛

美術設計：Mindy

插畫：德　童

出版者：普月文化有限公司

台北市松江路69巷10號5F

永久聯絡地址：台北郵政26-341號信箱

電話：(02)2503-3006

傳真：(02)2508-1733

郵政劃撥：18369144　普月文化有限公司

行銷代理：紅螞蟻圖書有限公司

台北市內湖區舊宗路二段121巷28之32號4樓

電話：(02)2795-3656　　傳真：(02)2795-4100

定價：150元

初版：2007年1月